CARTA ABERTA PARA MINHA MÃE

CORRESPONDÊNCIAS

Gabriel Chalita

CARTA ABERTA PARA MINHA MÃE

Correspondências

Planeta

Revisão: Cátia de Almeida e Paula B. P. Mendes
Diagramação e projeto gráfico de miolo: Sguerra Design
Imagem de capa: Segundo 1915/29 (1920), de Paul Klee
Fotografia da imagem de capa: Marco Chasles

CIP-BRASIL. CATALOGAÇÃO-NA-FONTE
SINDICATO NACIONAL DOS EDITORES DE LIVROS, RJ

C426c

Chalita, Gabriel, 1969-
Carta aberta para minha mãe / Gabriel Chalita. - São Paulo : Planeta, 2012.
112p. : 23 cm

ISBN 978-85-7665-824-5

1. Cartas de amor. 2. Mãe e filhos. 3. Amor materno. 4. Literatura brasileira. I. Título.

12-0646. CDD: 869.93
CDU: 821.134.3(81)-3

2012

Editora Planeta do Brasil Ltda.
Avenida Francisco Matarazzo, 1500 – 3º andar – conj. 32B
Edifício New York
05001-100 – São Paulo – SP
www.editoraplaneta.com.br
vendas@editoraplaneta.com.br

Oferecimento

O que espera uma criança ao nascer?
O que espera um menino quando sai
pela primeira vez da gruta?
O que espera um adolescente fremente de
ideias e de sonhos e de medos e de desejos?
O que espera um jovem afoito e emotivo?
O que espera um adulto maduro, convicto de razões?
O que espera o sábio ancião? ...

Eu sei o que esperam – esperam o amor!
E o que é o amor?
Difícil de dizer, fácil de sentir.
Há tantas formas de amor... E todas elas, simples,
como simples é a grandeza de seu Criador.
E o Criador, a própria Essência do Amor, presenteia a mulher.
Confere a ela o poder de gestadora.
Transforma uma criatura humana em divina.
Divina porque se torna Mãe.
Que bela forma de amor!
A mãe ama seu rebento desde os idos da infância até o sempre.
Eis o milagre da vida, eis o milagre do amor.

Este livro, eu dedico ao meu maior amor...
Minha mãe, Anisse!

Introdução

Este é um livro singelo, uma carta para minha mãe, para todas as mães, para todas as mulheres que, corajosas, se doam em generosidade para gestar vida, para provar que o amor ilumina o mundo.

Há algumas epígrafes sobre minha mãe, minha amada mãe, Anisse.

A narrativa começa com sua longa viagem de navio, da Síria ao Brasil. Uma mulher forte, que sofreu muito e que sorriu muito mais. Perdeu dois filhos. Perdeu a terra que a viu nascer. Perdeu sonhos e um passado. Ganhou o milagre de dar a vida, de ser mulher, de ser mãe.

O livro retrata sentimentos que tenho por minha mãe, mas serve para qualquer mãe, porque a humanidade, por mais diferente que possa parecer, é a mesma; os problemas são recorrentes, e os amores também.

O cotidiano engole possibilidades de intimidade. A mãe gestou, sofreu, sentiu o corpo se modificar, vivenciou a maior emoção que pode haver no mundo.

O filho cresceu e se tornou senhor de sua história, e não há mais tempo, não há mais momentos de encontro e de homenagens.

Não há mais espaço para dizer obrigado.

E como é triste, transcorridos tantos anos, a sensação de que algo deixou de ser dito, deixou de ser revelado, deixou de ser reconhecido.

Agradecer é o mínimo que se pode fazer a alguém que renunciou a tantos sonhos para que uma nova história começasse.

"É a lei da vida", dirão alguns. Ora, a lei da vida é que a emoção supere a indiferença, que a inteligência nos direcione para o essencial, que o amor seja mais forte que a mágoa e que a felicidade não seja uma utopia, um lugar longínquo, impossível de ser encontrado pelos humanos.

Mãe, obrigado. Menina, mulher, deusa, fada, rainha!

Que não haja no mundo filho algum que se esqueça de dizer obrigado. Que não haja mulher ou homem que apaguem as marcas de afeto embaladas no regaço materno.

Que a humanidade, mais grata, volte ao útero e se sinta segura na lembrança do amor gestado que se fez vida.

Mãe, obrigado por tudo.

"Se estamos aqui reunidos, estou contente. Penso com alegria que tudo quanto escrevi e vivi serviu para nos aproximar. É o primeiro dever do humanista e é a fundamental tarefa da inteligência assegurar o conhecimento e o entendimento entre os homens. Bem vale haver lutado e cantado, bem vale haver vivido, se o amor me acompanha."

Pablo Neruda

Querida mãe,

Este deveria ser o começo de uma carta para você. Mas, em se tratando de nós dois, o que é e onde está o começo? Como começar a escrever sobre esse amor que nos une, intenso, concreto, denso, inacabável?

Estou aqui buscando palavras que possam expressar o vínculo entre mim e você, o elo entre mãe e filho, que ninguém pode desfazer. Nosso amor tem vida própria, transcende-nos e transcende a vida. É uma centelha divina, que aquece e que conforta. Não seria este nosso amor um pouco da eternidade aqui na Terra?

Eu poderia começar declarando meu amor por você, mas onde ele começa eu não sei, pois, antes de nascer, eu já a amava e já me sentia amado.

Eu poderia, então, desembrulhar lembranças, queixar-me de sôfregos ciúmes, resvalar em dores que engavetamos, poderia... Eu poderia tanto, poderia tudo e, talvez, não possa nada, afinal, nesta tentativa de carta. Porque você me adivinha, tudo sabe; porque você está em mim. Você está dentro de mim, como eu estive dentro de você, acalentado no seu embalo vital. E dos seus embalos e dos seus acalantos eu vivo, enfim, vida afora, vida adentro, vida viva rediviva.

Seu amor por mim é o que me assegura a felicidade, porque, primeiro, assegurou-me a própria vida.

Eu sou feliz, minha mãe. Mas em que egoísta você me transformou?

Ainda hoje, quando fico doente, é sua presença que quero, e só a comida que você prepara me apetece. Enfermo, sou de novo menino, quero regaço e quero colo, proteção e cura. Onde foi você buscar essa magia de curar qualquer dor só com a presença? Perto de você, sou outro, sou melhor. Para você, eu posso ser criança, sim, posso brincar à vontade, fazer minhas estripulias e receber a aprovação em sua gostosa gargalhada. E você me ama mesmo assim – ou por isso mesmo.

Se há algum ponto em que nossa história começa, eu escolhi registrar aqui sua lembrança a bordo de um navio. Imigrante, como muitas mães brasileiras, você acenava adeuses para os amigos e para os parentes que ficaram no porto vendo-a partir. O aceno, o nó na garganta, o último olhar para a terra natal. Deve ter sido bastante difícil. Perdas... Não é fácil dizer adeus, não é fácil dizer até nunca mais!

História, todos a têm. E é lei da vida que não haja história sem sofrimento. Você sofreu, mãe, mas posso me lembrar de como transformou a dor em ponte entre o desejo e a realidade.

Sofremos, porque as coisas não acontecem como gostaríamos que acontecessem ou, então, porque resistimos demais ao movimento da vida. Não compreendemos o ensinamento do rio, que precisa continuar fluindo em seu ritmo. O rio não pode parar e contemplar a beleza das margens, mas também não pode correr mais rápido do que corre e fugir da visão de paisagens rudes. O rio flui e nós fluímos, e essa parábola nos foi transmitida por Heráclito e por Buda. Eles sabiam, mãe, que o sofrimento faz parte de nossa trajetória, tanto quanto os momentos de prazer. Tudo tem sua hora. Tudo é um eterno movimento e é inexorável. Não tem volta. O próprio conhecimento é assim. Quando queremos esquecer as coisas que não nos agradam, quando queremos apagar alguns momentos, nossa memória, rebelde, não nos atende, e ficamos a remoer tristezas e lamentações. Ficamos a perambular nos bastidores do espetáculo da vida, e incertezas nos atordoam no momento de apresentarmos nosso teatro. Lembranças, dores, prazeres, brigas, encontros. Vida, enfim.

Uma das coisas que mais podem afligir o ser humano é o fato de que o tempo passa e de que não há como atrasar o relógio nem recuperar as folhas já descartadas dos calendários. É impossível reencontrar o que já não existe – ou o que só existe, agora, numa fenda encravada na noite do passado.

Por vezes, diante da mãe, os filhos sentem um desejo quase irresistível de voltar a ser crianças. Queremos recuperar aqueles momentos mágicos, de amor incondicional, em que mãe e filho ocupam um universo particular. Queremos tudo de volta, aquela sensação de segurança, de paz absoluta. De irresponsabilidade, até. A infância era como um roteiro, em que tudo era pensado, preparado e medido da maneira certa. Ao menor medo, surgia a fada, tranquila, segura de que afugentaria qualquer bicho-papão. Surgia a fada, que expurgaria o mal, a insegurança, a solidão.

Mas o tempo, implacável, não nos devolve nada do que devora.

Temos, porém, o poder de rememorar. E a lembrança é essa genialidade da mente humana que faz com que nos transportemos, num piscar de olhos, para os dias mais marcantes; que restitui, de algum modo (ainda que por momentos fugazes), tudo aquilo que, somado, nos construiu e nos ajudou a ser o que hoje somos.

Se a vida não para e nos vai calejando, arrancando de nós sonhos aos punhados, a memória faz com que consigamos manter acessível um mundo que já se foi. Especialmente, o mundo da infância, em que a mãe, como a flor de mil cores, enfeitava nossos dias com ensolarada alegria.

E que guardo eu, mãe, na memória?

Guardo... o sorriso com que você me chamou tantas vezes.

Guardo... as lágrimas que pude, às vezes, entrever em seu rosto, enquanto você as disfarçava e as enxugava rapidamente.

Guardo... suas palavras de amor, de advertência, de cuidado.

Guardo... histórias.

Guardo... surpresas.

Guardo... reprimendas, pedidos, conselhos.

Guardo... exemplos.

Guardo... sua voz, seu canto, suave canto, que afasta, ainda agora, receios.

Guardo... sua presença, que abre caminho para um sono tranquilo, para uma vida tranquila – completude.

Guardo... seu beijo carinhoso de boa-noite, de bom--dia, de boa história.

Guardo... um tempo que tempo algum há de apagar.

Quantos filmes tentaram retratar a saga dos retirantes internacionais... Eram corajosos aqueles que, como você, deixavam a pátria em busca de melhores condições, em busca de um sonho que pouco conheciam. Você veio naquele navio para lutar, para sofrer, para arriscar e para construir, com seu pedacinho de participação, este mundo multicultural que é o Brasil em que vivo hoje. Você, de certo modo, preparou o mundo que me receberia mais tarde. E era tão menina... E era tão sonhadora...

Mesmo sem ter visto o brilho de seus olhos quando você conheceu papai, posso imaginá-lo. São as fagulhas que o amor empresta e que eu conheci mais tarde, quando tomei consciência do que é, de verdade, amar. Como foi e como é bom imaginar esse amor, esse carinho, essa ternura. E como é bom saber que sou fruto desse amor, desse carinho, dessa entrega.

Sempre admirei a forma com que vocês se amaram. Os pequenos gestos, os olhares, os encontros carinhosos e os sinais de que a caminhada se torna muito mais poética quando dividida com um grande amor. Você sempre mostrou que vale a pena dedicar a vida ao amor. Quando ficávamos até tarde da noite tagarelando, e você ia revelando detalhes do dia em que se conheceram, do primeiro beijo roubado, das noites maldormidas na esperança da emoção do momento mágico em que vocês se amariam profundamente... Você, minha mãe, tão pura, tão menina, havia encontrado seu príncipe. Você sempre acreditou em histórias de príncipes e de princesas com final feliz.

Seu amor nunca foi banalizado. O respeito não retirou a espontaneidade, e o exemplo fez com que percebêssemos que as diferenças não impedem os encontros e não roubam a felicidade. Que linda história, mãe! Uma mulher, um homem, um filme. Muita emoção e uma herança incrível de coragem, de entrega, de cumplicidade, de amor.

Minha mãe, meu pai, minha vida. A concepção é milagre de uma natureza perfeita. Milagre que se repete milhões e bilhões de vezes, mas que continua sendo sempre milagre e sempre único.

Há mulheres que rejeitam o filho quando descobrem que estão grávidas. E rejeitam por muitas razões. Talvez por medo ou por falta de escolha. Não sonhavam com essa nova criatura, não estavam preparadas para uma grande mudança na vida. É uma realidade dolorosa, mas, infelizmente, realidade. Até por isso, obrigado, mãe, por ter sido plenamente mãe desde o primeiro momento, desde os primeiros enjoos. Obrigado por ter realizado esse milagre, tão simples e tão humano, de me acolher, de me aceitar integralmente, passando por cima de qualquer receio, de qualquer dúvida, de qualquer hesitação.

Tudo é milagre quando se trata de vida. E a vida tornada milagre, o milagre tornado vida, vai crescendo no ventre. A nova criatura ganha forma numa velocidade e numa complexidade que deixará a ciência eternamente perplexa! Pequenas células, agrupadas metodicamente, tornam-se um corpo diferenciado. Cada um dos órgãos do feto se define como resultado da obra de um artista genial, que os esculpe a partir do nada. É um milagre realizando-se no ambiente privilegiado que é o corpo feminino, perfeitamente preparado para tornar possível o surgimento de uma nova pessoa.

Você, como todas as mães, sentiu o corpo se transformar para trazer à luz mais um ser. Examinou, com o sentimento, essa relação biológica entre o corpo da mãe e o do filho e soube entender a intensidade desse processo maravilhoso, mesmo sem saber explicá-lo com base nos termos técnicos da medicina.

Você, mãe, conheceu segredos que nem o mais potente estetoscópio poderia auscultar, que nem o mais cibernético ultrassom poderia revelar. Desde o primeiro segundo da gravidez, você me alimentava. Eu sabia, de algum jeito, que já não era para você apenas um embrião, mas este ser que você confessa amar com toda a sua alma. Desde o primeiro segundo de um longo e breve período de nove meses, você já me guardava, como agora eu guardo você. Cuidava de um destino em formação, do meu destino.

Mãe, como é impressionante perceber, por suas atitudes, o que é ser mãe! Como é impressionante perceber esse amor que confere dons tão especiais. O dom da paciência, por exemplo, que faz tolerar noites maldormidas, incômodos físicos, cansaços. E que a faz estar sempre pronta para servir, para se repartir comigo. Eu, às vezes, intolerante, ocupado. Você, sempre disposta, sempre inteira. Cada gesto seu é completo, integral.

O amor materno é, talvez, o maior exemplo de amor divino. Amor sem limites, capaz de fazer a mulher entregar a própria vida para a felicidade de seu filho. Amor que sustenta a humanidade. Ah, se os homens todos tivessem esse afeto, esse colo, esse embalar de sonhos simples e se eles se lembrassem disso durante a vida! Seriam menos violentos, menos carrancudos, menos infelizes.

Que pena que as cicatrizes da vida consigam esconder essa imagem imaculada do passado. Que pena que o corre-corre oblitere a lembrança e nos faça esquecer de que, revivendo, o sorriso volta a surgir espontaneamente, na mesma face serena que se lambuzou em um movimento instintivo de sugar o leite materno e de sugar, com ele, afeto, muito afeto.

Eis o milagre da criação, eis a própria essência do amor.

Deus é amor!

A mãe, desde o princípio da gravidez, já deseja conversar com o filho, transmitir-lhe todas as vibrações de felicidade e a paixão que tornarão essa nova criatura uma pessoa equilibrada e segura. Os primeiros chutes, os movimentos mais singelos, a vida nova que se anuncia... E os sonhos de como será essa nova vida. Será menina ou menino? "Nascerá com saúde, é o mais importante", você dizia sempre. "Que venha o que Deus quiser."

Você sempre foi uma mulher de fé. E sua fé fez com que a dor parecesse mais branda. Como uma mensageira da esperança, você soube trilhar as sendas da angústia com altivez e com amor. Você, em desejo, em sonho e em realidade, acariciou-me, conversou comigo e disse-me palavras suaves, que só nós dois podíamos ouvir. Você me disse palavras divinas, com todo o seu carinho, com todo o seu amor.

Imagino que, desde o princípio da gravidez, você me acariciava. Imagino sua mão sobre seu ventre e posso vislumbrar seu olhar atravessando a pele, a placenta, para tocar com ternura meu coração.

Não, não há no mundo lugar mais confortável do que o ventre da mãe. Dentro de você, recebi calor, alimento, afeto e pude ouvir o bater de um coração que ama e que fazia contraponto ao meu pequeno coração, já pulsando fortemente, ávido por retribuir esse amor à vida.

Você me hospedou em seu ventre, em sua alma e em sua vida.

Vim ao mundo. Fim de uma etapa, começo de uma aventura.

A vida começa com singelezas. Você, até hoje, se orgulha de guardar na memória meu peso, meu comprimento, as primeiras palavras que o pediatra disse sobre mim, os primeiros banhos, as primeiras trocas de fralda. Você, mãe, é a biblioteca viva de minha biografia. Não só a origem de minha vida, mas o registro dos primeiros choros, dos primeiros contatos com o mundo, de meus primeiros entendimentos entre os filhos dos homens.

Mãe, obrigado por essas inesgotáveis primeiras experiências, pelas quais você continuou a me guiar, preocupada com meu sono, com a temperatura do quarto, com uma infinidade de pequenas coisas que as mães consideram as únicas realmente fundamentais nessas horas.

Só as mãos delicadas – mas fortes – de mãe sabem segurar com jeito um ser pequeno assim, tão necessitado de tudo. Só as mães sabem presenciar, com amor infinito, as primeiras manifestações de uma nova existência que vai mudando, inexoravelmente, com o passar do tempo.

Porque o tempo não tem paciência! E passa.

Um dia, deixei de ser aquele bebê que só sabia chorar, mamar, dormir e chorar ainda mais alto quando era hora de trocar a fralda ou, talvez, quando sentia sua falta. Cresci um pouquinho. Nasceram os primeiros dentes. Saí do leite para os alimentos sólidos. Comecei a engatinhar. A mexer em tudo. A dar muita risada das coisas. A tentar descobrir o mundo. Eu era bastante arteiro, não era, mãe?

E, do engatinhar, fui me arriscando a ficar em pé. Até que aprendi a andar, soltando aos poucos suas mãos, que, com destreza, impediam que eu me machucasse nas tentativas hesitantes. Eu precisava me soltar de suas mãos para conseguir encontrar meu próprio compasso. Mas você nunca deixou de ser a regente. O instrumento agora estava em minhas mãos, mas a afinação eu aprendi com você, e, a cada nota errada, sua batuta ajudava-me a reencontrar o caminho da partitura. E tudo com muita delicadeza, para que eu pudesse ir afinando o ouvido e ir percebendo como reencontrar a melodia.

Ah, a metáfora de andar no mundo com os próprios pés, de encontrar o próprio rumo! O grande desejo do homem: abrir caminho, seguir caminho, seguir sozinho.

Por que será que os filhos acham que podem ir aonde bem entendem e fazer o que bem querem, mal aprendem a dar seus passos sozinhos? Mas a mãe sabe ignorar ou superar essas pequenas rebeldias e orientar, ou seja, mostrar o oriente. A mãe sabe que é preciso ser firme, para não deixar o filho desnorteado, isto é, sem saber qual é o caminho para o norte. E você, mãe, soube sempre ser essa bússola, indicando as direções possíveis e os perigos prováveis.

Obrigado, mãe, por sua orientação a meus passos, até hoje, diante das encruzilhadas.

Não que eu abra mão de minha liberdade de escolher, você sabe. Muito pelo contrário! E — devo confessar agora —, algumas vezes, foi melhor não seguir suas indicações.

E sabe por quê?

Porque você me ama tanto que alguns de seus conselhos estão baseados mais no amor do que no bom-senso, como naquela anedota em que a mãe do aviador fazia sempre a seguinte recomendação, antes de o filho viajar: "Meu filho, ouça sua mãe; voe devagar e baixinho...".

Coração de mãe é assim mesmo. Grande, generoso, acha que tem permissão para contrariar as leis da gravidade, da lógica e da arte de voar. Mãe pode dizer essas loucuras. Sandices saudáveis que nascem do amor.

A bordo do navio, você ia vendo sua terra natal, ia vendo o oceano. O Oriente ia ficando distante, cada vez menor, e, à bagagem, só se somavam as lembranças, que é o que vive ainda hoje. Que coragem, mãe! Enterrar um tempo, uma história, enterrar sua meninice e olhar para a frente. Havia lágrimas, mas havia altivez para enfrentar o novo mundo que se descortinava.

Comecei a balbuciar.

A primeira palavra que eu disse com uma certa clareza foi "mamãe". E teria alguma alternativa? Mãe é tudo. Mãe quer dizer tudo. E, quando a linguagem vem à tona, a primeira palavra, o primeiro pedido, a primeira constatação só pode ser esta: "Mamãe!".

Desatado o primeiro nó da língua, você foi meu primeiro e mais completo dicionário ilustrado:

– Mãe, que é isso?

– É um sapato.

– Pato? Papato?

– Sapato...

– Papato, mamãe?

Professora que jamais perderá a cátedra. Já nasceu com doutoramento em amor, em esperança, acreditando que o filho sempre vai acabar aprendendo. Tem paciência pedagógica de repetir duzentas mil vezes a mesma palavra, até que a gente consiga pronunciá-la. Hoje, estou escrevendo esta carta porque você me iniciou também na arte do lápis e do papel. Aqueles meus desenhos indecifráveis, que só você sabia decifrar – "Que elefante bonito, meu filho!" –, eram o início de minha carreira de escritor.

Mãe, obrigado por ter sido minha primeira e generosa leitora!

Você não se deu conta, mas aprendi com você que escrever é como gestar. Publicar um livro é um parto com dor. Escolher um título para um livro é como procurar um nome para o filho. E ver um livro pronto é como entregar o filho para enfrentar a vida!

Mãe, tudo o que sou hoje é um pouco de você. E não podia mesmo ser diferente.

Se gosto de escrever, é porque você me ensinou a amar o papel em branco e me ensinou, também, que era melhor escrever no papel do que na parede. Mas me ensinou mais: que o mundo tem mensagens e personagens para serem somados ao papel. Que há um olhar de poesia para perceber, na simplicidade de cada coisa, a possibilidade de se escrever uma grande história. Dos loucos e dos amantes ao mais anônimo dos pardais. Todos fazem parte de uma paisagem que, nas veias do poeta, ganha voo próprio e incendeia a alma de emoção. Que mágica, mãe, é essa sensação de desafiar os olhos e de enxergar além e de perceber a alma que se esconde no olhar maroto de um menino que faz arte – ou no olhar distante de uma mulher que pensa consigo mesma onde estará seu filho ausente. São histórias que vão ganhando alento quando se aprende a olhar a vida, a percebê-la, a entranhá-la. Cada olhar é um novo olhar, mesmo que o objeto não tenha mudado. O amanhecer é o mesmo, mas diferente e único a cada dia. O sorriso de uma criança é sempre um novo sorriso de criança, nunca o mesmo. O voo de um pássaro... Como não contemplá-lo sem pensar na primeira vez em que percebeu o risco de enfrentar o horizonte, num avassalador bater de asas e no sereno equilíbrio de ter encontrado a altura necessária para se manter tranquilo?

Se gosto de falar em público, de ensinar, é porque você foi meu primeiro auditório. Você foi quem primeiramente me aplaudiu. Incentivou-me a continuar fazendo discursos e tinha a paciência de conviver com meus erros. E sabia o momento certo de me mostrar o que precisava ser melhorado. E tudo isso com a atenção singular de mãe. É impressionante, mas o espaço do afeto materno ninguém consegue ocupar. Você não era daquelas que mandavam os filhos para a escola e se sentiam liberadas da tarefa de ensiná-los. Muito ao contrário. Você jamais deixou de participar de meu aprendizado, de meu fracasso e de meu sucesso. Sempre ali. Aplaudindo, repreendendo, torcendo, advertindo. Amando-me, em suma.

Se gosto de trabalhar, é porque você foi minha primeira professora. E professora, entre outras matérias, de filosofia. Porque a criança, por volta dos três anos de idade, começa a fazer a pergunta fatídica: "Por quê?".

Toda criança vê despertar sua inteligência em busca de razões para tudo. Por que chove? Por que faz sol? Por que o cachorro late? Por que a noite é escura? Por que o azul é azul? "Que respostas existirão para essas indagações de criança?", eu me pergunto hoje, mas você, mãe, mesmo com pouco tempo, tentou satisfazer minha curiosidade devoradora. E, assim, alimentou minha fome de saber, que permanece. Por isso, eu sempre quero saber o porquê das coisas que acontecem comigo; por isso, não sou uma pessoa alienada; por isso, não deixo de seguir os porquês (porque um porquê puxa outro, e outro, e outro...).

Obrigado, mãe!

Em cada aventura aparentemente infantil das histórias que você me contava, escondia-se um ensinamento. Em cada personagem literário, temos uma antevisão dos "personagens" que encontraremos na vida real. Obrigado, enfim, por ter sido você, antes dos livros que aprendi a ler, um livro vivo, um manancial de histórias.

A propósito, os grandes contadores de histórias – um La Fontaine, um Esopo, um Monteiro Lobato – deveriam agradecer a você e a tantas outras mães no mundo por difundirem a obra literária deles sem cobrar nada por isso!

Por ter ouvido de seus lábios tantos contos de fadas, por ter viajado em tantos mundos maravilhosos de príncipes e de princesas, de raposas falantes e de macacos espertos, tornei-me também um contador de histórias. Narrar histórias é uma arte milenar que, com emoções, com ideias e com imagens, alimenta as pessoas. Uma boa narrativa fascina tanto um idoso quanto uma criança, e, em minha vida profissional, muitas vezes, foi fundamental conhecer uma boa história para argumentar e convencer.

Mãe, obrigado por ter me ensinado que os livros e os personagens que saltam das páginas e invadem nosso imaginário são importantes armas do conhecimento e da convivência humana. O aprendizado nos faz mais livres, mais sonhadores, mais humanos.

Eu não poderia deixar de me lembrar de suas músicas. Você cantava baixinho para me fazer dormir; com os dedos, anelava meu cabelo, e eu me perdia ao som de sua voz singela, que me fazia ir ao paraíso. Não há medo que resista a uma canção assim, seja medo de bruxa, de assombração, de solidão.

Nós dois sempre juntos, e você, com voz melodiosa, inventava canções, porque, em vez de dormir, eu ficava pedindo outra música, e outra, e mais outra. Era assim também com as histórias. Eu pedia mais. Às vezes, você me contava a mesma história e mudava alguma coisa, mas eu prontamente corrigia. E não me cansava; queria ouvir de novo. Uma história só ficava bonita quando saía de sua boca.

E quando eu ia, com meu cobertor e com meu travesseiro, dormir entre você e o papai? Lembra, mãe? No meio da noite, eu chegava, dizendo que tinha ido fazer uma visita, e lá ficava no calor de vocês dois, na segurança de estar entre o amor, o amor que me gerou e que me acolheu. O amor que me deu a vida e que participava a cada instante da evolução dessa vida. Vocês me abraçavam, riam comigo e me faziam dormir. Que tempo bom! Com vocês, eu não sentia medo; com vocês, os monstros iam embora, iam para outro lugar. Meus heróis! Vocês dois destruíam meus monstros.

Eu aprendi que os monstros – porque os monstros existem! – morriam de medo de vocês e que, só de ouvir seus passos decididos, eles sumiam, jogavam-se da janela ou entravam por algum buraquinho da parede. Os monstros fogem de nós quando decidimos que eles não existem. Ficam tristes, sem força, e nossa imaginação se fortalece.

O medo, mãe, não é mesmo o melhor caminho para fazermos o que é certo. Você me ensinou a enfrentar o medo, que é, de longe, o pior monstro que o ser humano já inventou! O medo paralisa, enregela. O medo atrofia possibilidades e acomoda o comodismo.

E, sabendo que brincar é a atividade que mais espanta o medo, você, mãe, foi quem mais brincou comigo. Você se fazia menina para brincar, para rolar comigo no chão, para correr atrás da bola. Fazíamos teatro, rezávamos; eu ficava dando aulas naquele velho quadro-negro e você, pacientemente, aprendia minhas lições. Eram coisas tão simples, mas tão significativas!

A bicicletinha de presente de Natal, a espera pelo Papai Noel, as incontáveis histórias com as quais você me confidenciava sua infância, seus muitos pretendentes, coisas de menina mimada, que você sempre foi. E, hoje, eu até mimo você um pouco mais, não é?

Seus exemplos eram a certeza de que vale a pena fazer o bem. Seus exemplos apontavam para o essencial. Deixar o incidental de lado e encontrar o mais importante. A maturidade leva a isso, e eu podia participar de sua maturidade, embora fosse apenas um menino.

Como esse tempo é importante! Como seu afeto foi fundamental para que eu crescesse e acreditasse na pessoa humana! A base, mãe, é que faz com que os valores sejam corretos. Nas suas gostosas gargalhadas, ia nascendo, dentro de mim, uma alegria enorme de viver. Existiram, evidentemente, muitas lágrimas, muitos espinhos, muitas dificuldades, mas aquela mulher protetora, carinhosa e meiga estava sempre por perto, conduzindo-me para o bom caminho.

As conversas na cozinha. A comida bem preparada. O banho quentinho. Que farra fazíamos no banho! Eu molhava você e ria. Você fingia ter raiva e, depois, acabava entrando na brincadeira.

E cada dia era assim. Você me perseguia com o chuveirinho e eu me escondia, rindo, rindo. Você me enxugava. Na verdade, abraçava-me com aquela toalha cheia de bichinhos.

E o beijo gostoso na hora de dormir.

– Deus te abençoe, meu filho.

E o beijo gostoso na hora de acordar.

– Levante, meu amor. Tá na hora de ir para a escola.

E o café já estava pronto. E você, minha heroína, não demonstrava nenhum cansaço por tudo isso.

Que saudade, mãe. Que saudade da minha infância!

O que pensava você durante aquela viagem de rio que acabava em mar, por trinta dias, um tempo enorme? O que você sentia na viagem? Medo? Outro mundo, outra gente, outra história. Seu passado estava definitivamente para trás. Tudo o que tinha sido construído ficara apenas no seu fluxo de vivências.

O tempo não voa devagar!

Quando menos se espera, num piscar de olhos, a criança espicha, seus hormônios se ativam, e ela se transforma em um adolescente insaciável.

As perguntas inocentes tornam-se perguntas impertinentes: "Por que tenho de voltar tão cedo para casa, se a festa mal começou? Por que só isso de mesada? Por que não posso viajar sozinho? Por que você me trata assim, se eu já não sou mais uma criança de colo?".

Fico lembrando hoje com que amor e com que firmeza você soube administrar toda a minha vontade de abocanhar o mundo, de me afirmar, de tomar as rédeas da vida e de conquistar impérios.

O adolescente não sabe o que quer. Nem eu sabia, mas, ao mesmo tempo, queria tudo. Você me ajudou, com delicadeza, a conquistar autonomia. Não deve ter sido fácil discernir, dentre as minhas reclamações, o que era rebeldia vazia e o que era reivindicação justa. E, provavelmente, você só não acertou mais vezes porque eu, desajeitado, impetuoso, dificultei as coisas.

Contudo, apesar dos pesares, vencemos. Digo "vencemos" porque fui me dando conta de que não precisava lutar contra você e contra o papai para me afirmar. Ou melhor, sobretudo, você conseguiu fazer com que, passado o período mais conturbado, eu começasse a enxergar que minha luta era contra mim mesmo, contra a imaturidade que eu precisava abandonar, contra meu medo de enfrentar a dura realidade dos adultos. E vencemos, graças à sua sabedoria.

Vencemos como família. Como mãe e filho. E eu, hoje, posso contar que sentia uma secreta alegria quando, chegando de madrugada, feliz por ter conseguido desobedecer ao limite de horário, encontrava você me esperando com uma pequena bronca... e uma gostosa comida. E o mesmo beijo de boa-noite.

Obrigado, mãe, e perdoe-me por minha rebeldia. Faz parte da adolescência... Hoje, eu não tenho mais desculpas.

Mas o tempo, diz Caetano Veloso, é "compositor de destinos" e "tambor de todos os ritmos", e, a um ritmo do tempo que me parece desmesuradamente veloz, meu destino foi e continua sendo composto.

O destino é essa misteriosa combinação de liberdade e de condicionamentos. Somos donos dele, mas a vida encarrega-se de mudar muitos de nossos planos, de dizer não – às vezes, talvez – aos nossos sonhos, esperando de nós mais garra e mais determinação.

Você me ensina e me ajuda a entender que meu futuro é construído no presente. Que tudo o que podemos fazer é agir com toda a consciência, amar com todo o coração e pensar com todos os neurônios, para que, mesmo depois das rasteiras que recebemos, mesmo depois dos tropeços que não temos como prever e evitar, saibamos sacudir a poeira, dar a volta por cima e prosseguir com a cabeça erguida, com o coração em paz e com um sorriso nos lábios.

A trajetória profissional é um dos grandes testes da vida. É nessa hora que sentimos como foi importante ouvir, mesmo que com algum enfado, conselhos infinitamente repetidos, advertências iguais, exigências semelhantes. Mas todos eles fundamentais para que saibamos praticar as virtudes que o ambiente de trabalho, assim como a vida, exige: franqueza, pontualidade, responsabilidade, boas maneiras, senso de dever, companheirismo, compaixão.

Quantas vezes você, sentada perto de mim, vendo-me corrigir provas de meus alunos, recomendava que eu não desse zero para ninguém, pois era humanamente impossível uma pessoa não ter feito nada, e afirmava que, decerto, mesmo a pior prova tinha algum valor. Você protegia até mesmo quem não conhecia, mas, acima disso, fazia-me refletir sobre minha tarefa de professor, fazia-me questionar atitudes próprias, fazia-me repensar e melhorar meu comportamento profissional.

Você me convenceu, mãe, de que, se um aluno tinha de levar um zero para casa, o professor também merecia essa nota! Afinal, se o aluno não aprendeu nada, a única explicação é que o professor falhou em sua tarefa de ensinar-lhe alguma coisa!

Sabe, você tem razão. O mundo tem tanta violência, tanta agressividade, tantos crimes horrendos – e não podemos simplesmente julgar o mundo, atribuindo-lhe uma nota baixa, ou reprová-lo! Se o mundo está assim, é porque eu também não consegui fazer nada para melhorá-lo. Porque eu não fiz aquilo que Ghandi repetia: "Seja no mundo a mudança que você quer ver no mundo". Se eu fosse melhor, o mundo não seria tão ruim. Se eu tivesse mais iniciativas, muitas pessoas não seriam tão passivas. Se eu soubesse convencer os outros a fazer o bem, o bem seria uma epidemia!

Ter esperança em um aluno, mesmo que ele não corresponda às expectativas que a escola e que a família depositam nele, é ter esperança no ser humano. Não se deve perder a esperança na humanidade. Não se deve perder a esperança no papel que os professores podem desempenhar na sociedade. Não se deve perder a esperança no papel que todos podemos desempenhar para sermos felizes, dando às pessoas chances de serem felizes. E essa esperança eu devo a você, mãe, porque você nunca perdeu a esperança em mim, nunca me avaliou com a nota zero!

Eu já quis ser astronauta, padre, médico, apresentador de programa de televisão. Você deu asas a todos esses sonhos. Sabia que era apenas um desejo enorme de fazer o melhor, de ser o melhor na profissão que escolhesse. Você não cortava minhas asas, mas sabia me lembrar de que, para ser o melhor, é preciso não ter medo de lutar, de estudar, de trabalhar.

Concordo com o pensador francês Jean-Jacques Rousseau: o homem não é mau. O que acontece é que sua bondade, nossa bondade, às vezes adormece e assim permanece, à espera de alguém que venha despertá-la.

É assim que as mães pensam. Todas as mães veem nos filhos homens de bem, generosos, capazes do melhor.

Eu poderia ter perdido meu caminho, mãe. Como qualquer ser humano, poderia ter caído nas armadilhas de quem não acredita no bem, ter seguido atalhos mais tentadores do que os caminhos da beleza, da verdade. O homem, por ignorar o bem que é capaz de fazer, acaba cometendo erros e prejudicando a si mesmo e aos demais. Ao ignorar a beleza que pode produzir, o homem contenta-se com a mediocridade e deixa de realizar os sonhos maravilhosos que habitam a alma humana. Ao ignorar a verdade, o homem perde a dimensão do espaço que tem para levantar voo. E, em vez de voar alto e bem rápido, em busca de ideais cada vez mais elevados, recai na mentira e na grosseria.

Graças a você, descobri esse espaço para voar. Graças a você, conheci o antídoto para toda ignorância: cultivar a sensibilidade para o bem, para a beleza, para a verdade.

Uma vida sem sensibilidade é vazia, e você, mãe, preencheu a minha de ideais e de sonhos. Os homens necessitam cultivar a sensibilidade para verem a fome no mundo e não considerarem essa realidade um evento natural, um dado estatístico e um problema provavelmente insolúvel. Você, mãe, abriu meus olhos, ensinando-me a não jogar comida fora e a repartir o pão com o mais necessitado.

Os homens precisam crescer em sensibilidade para enxergar o sofrimento que as pessoas ocultam quando elas se entregam a comportamentos agressivos e destrutivos.

Você, mãe, me fez entender, por exemplo, que, muitas vezes, um jovem aparentemente agressivo está querendo chamar a atenção dos outros, está pedindo socorro, pedindo carinho. Quantas vezes eu lhe contei histórias de meninos complicados que erraram, que fizeram coisas horrendas, e você, ao final, me disse, decidida:

– Coitado, ele não fez por mal. É carente.

Não era uma atitude somente piedosa de sua parte. Eram palavras de sabedoria. Ninguém acorda e sai dizendo que vai cometer coisas horríveis. A falta de conhecimento, de sensibilidade, e a baixa autoestima levam a atitudes tão mesquinhas, tão distantes do sonho do Criador... Mas somos assim, livres para amar ou para ter medo de amar Livres para repartir ou para fingir que não é com a gente. Livres para fazer o espetáculo ou para assistir a ele da plateia. Livres para viver ou para escapar.

Os homens precisam entender que a sensibilidade é o chamamento da nossa capacidade de indignação perante a injustiça e perante a dor alheia. Você, mãe, jamais permitiu que eu ficasse de braços cruzados diante de problemas que pudesse tentar resolver. Você me ensinou esta justiça prática: dar a cada pessoa aquilo que lhe é devido, aquilo que lhe cabe. Ensinou-me a ser justo. Soube me repreender na hora certa. E soube me aplaudir, porque o aplauso é fundamental para o aprendizado.

No navio, houve tempo para você ser eleita a rainha do mar, por sua beleza. Mas é claro que meu avô não gostou e cortou logo a brincadeira. Vovô Gabriel, bravo, inteligente, sedutor, uma fera que protegia com todas as garras suas duas joias: você e tia Leila.

A sensibilidade, mãe, é irmã da solidariedade, e as duas, unidas, são capazes de nos ajudar a descobrir saídas para aquela mulher que gostaria de voltar a estudar – e para quem temos a chance de conseguir uma bolsa de estudos. Já para o trabalhador aposentado, temos a chance de conseguir que um amigo dentista doe um pouco de seu tempo; para a criança abandonada, temos meios de prover-lhe uma família; para o jovem aprisionado pelas drogas, temos como ajudá-lo a se valorizar e a definir um sentido para sua vida. E cada um vai fazendo sua parte. E, assim, todos fazem parte da reconstrução da dignidade humana. Juntos, aparam as arestas para que a jornada seja menos dolorosa e mais feliz. O voo solitário amedronta, o voo em bando protege. Se há momentos em que o estar só é necessário, a vida é uma construção coletiva, e os tijolos, conscientemente colocados sobre a argamassa, edificam a casa de forma mais segura.

Você me ensinou que ter sensibilidade é conseguir mobilizar a família humana, os homens de boa vontade, para fazer algo em prol dos semelhantes. Às vezes, é até mais simples do que isso. Basta um olhar de cumplicidade, de vibração, de afeto, para que novos sóis iluminem e mantenham viva a alma de uma pessoa que está a nosso lado, de um vizinho, de um companheiro de trabalho, até mesmo de um desconhecido.

Você me ensinou a ter essa sensibilidade dentro de casa, com gente de nossa própria família. Devemos começar a ser generosos com a humanidade, dividindo primeiramente com os irmãos de sangue o último pedaço de bolo, compartilhando as emoções com a família, sabendo pedir ajuda e ajudar. Obrigado, mãe, porque você me deu exemplos concretos dessa generosidade. Você me disse, quase sem palavras, que agir assim com o próximo mais próximo é um excelente começo para ajudar a humanidade.

Mãe, você me ensinou que solidariedade é amor – amor ágape, amor pela pessoa, independentemente de etnia, de gênero, de classe social. Nos momentos de profunda convivência, de afeto, de amor, há um norte a ser retomado. A insensibilidade é que não resolve problema algum nem impulsiona para outros patamares a onda de pessimismo que grassa por aí.

"O homem não pode ser uma almofada que apenas flutue nos rios da vida, sem influenciar os acontecimentos que se descortinem a seu redor", dizia Martin Luther King. Mas isso que eu aprendi na teoria, com os pensadores, em você eu vi na realidade, no dia a dia. Mãe, obrigado por ter me transmitido, sem que nenhum de nós dois percebesse, sem que ninguém falasse em justiça social, pela pele, pelo sangue, essa sensibilidade que me faz ver a realidade com todas as suas dores e com todas as suas possibilidades!

Com você, aprendi os valores que conferem valor à minha vida e dos quais não abrirei mão, jamais. Mesmo porque já estão integrados a mim, já fazem parte de mim, formam minha essência. Sei que sou privilegiado, porque você me contou uma história de amor, e esse amor tomou conta de minha história. E eu também gostaria de lhe contar uma história de amor. Uma história que conta como Deus criou as mães:

Estava Deus criando as mães, quando um anjo apareceu a Seu lado. Vendo que Deus se encontrava um pouco aflito, perguntou-Lhe:

– Senhor, por que motivo está inquieto?

O Senhor respondeu:

– De fato, as especificações desta encomenda são inusitadas. Veja só: as mães têm de ser totalmente laváveis, sem ser de plástico. Devem possuir 180 partes móveis e substituíveis. Precisam funcionar, por vários dias, apenas à base de café e de sobras de comida. Devem ter um colo macio que sirva de travesseiro, beijos capazes de curar quaisquer machucados (físicos e espirituais) e, ainda por cima, seis pares de mãos!

O anjo assustou-se:

– Seis pares de mãos?! Mas isso é impossível!

E o Senhor prosseguiu:

– Isso é o de menos! O pior é que as mães precisam ter três pares de olhos! Dois olhos na testa para ver pelas portas fechadas e para saber exatamente o que as crianças estão fazendo lá dentro. Outros dois olhos, na nuca, para ver o que os filhos fazem assim que elas viram as costas. E, naturalmente, dois olhos normais para consolar os filhos em pranto, dizendo-lhes, com um olhar de amor, que está tudo bem, que já passou...

O anjo tentou dar um conselho:

— Meu Deus, deixe essa encomenda para depois. Amanhã é outro dia, e o Senhor estará menos cansado para tentar criar seres tão sofisticados!

Mas Deus surpreendeu o anjo:

— Não posso parar agora. Já está quase pronta! Consegui fazer um modelo que se cura sozinho quando adoece, que alimenta uma família de seis pessoas com meio quilo de carne moída e que convence uma criança de nove anos a tomar banho!

Dizendo isso, Deus trouxe o modelo, que o anjo observou cuidadosamente:

— É muito delicada, Senhor!

Retrucou o Todo-Poderoso:

— Mas também muito resistente, meu caro anjo. Você não imagina o que as mães podem fazer e suportar!

Abismado, o anjo contemplou longamente o modelo materno, até que, de repente, gritou:

— Senhor, olhe! Há um vazamento ali!

— Não é um vazamento — suspirou Deus. — É uma lágrima, e ela serve para expressar alegria, tristeza, dor, solidão, esperança e amor!

O anjo entusiasmou-se:

– Meu Deus, o Senhor é realmente um gênio!

E Deus, humildemente, disse-lhe a verdade:

– Não, essa lágrima não estava prevista. Apareceu depois de Eu ter concluído o projeto. É um milagre inexplicável!

Mãe é milagre. Desde o começo até o fim.

Nunca é demais lembrar, mãe, que recebi de você o primeiro abrigo.

Mais ainda: você foi o primeiro olhar amoroso, o primeiro sorriso, as primeiras palavras doces, o primeiro carinho, o primeiro alimento, o primeiro brinquedo, o primeiro livro e o que vem antes de tudo – a vida.

Quem diz que se conselho fosse bom não seria dado de graça não conhece mãe.

Mãe adora dar conselhos e não cobra nem um centavo por eles. Dá conselhos de todos os tipos, em qualquer hora do dia ou da noite. Nunca vi mãe de verdade que não agisse dessa maneira.

Quase todas as suas recomendações são úteis até hoje. É verdade que algumas delas acatei somente depois de ter cometido erros, por não tê-las levado totalmente a sério. Mas até isso foi bom, pois minha confiança em sua experiência de vida aumentava a cada erro, e eu dizia a mim mesmo: "É... Mamãe sabe das coisas...".

Mãe, seus conselhos não têm limites nem respeitam jurisdições.

Você consegue dar conselhos até em campos em que não é especialista, porque sua intuição fala mais alto e lhe dá mais sabedoria do que as muitas leituras que os estudiosos fazem, tantas vezes inutilmente. É que atua em você, mãe, a capacidade de olhar o coração do ser humano. E nisso você é imbatível.

Quantas vezes bastou você olhar meu rosto para dizer: "Siga sua consciência, meu filho, e não se importe com o que os outros disserem sobre suas atitudes".

Quantas vezes bastou você ouvir-me ao telefone para soltar, como quem não queria nada, a recomendação: "Filho, não se preocupe, Deus ajudará você no momento certo...".

E, assim, eu fui percebendo que seus conselhos eram pedrinhas preciosas que você deixava nos meus bolsos, esperando que eu, um dia, os aquilatasse e reconhecesse seu valor.

Mãe, tudo o que eu disser ainda será pouco para agradecer esses pequenos e inestimáveis presentes!

Recostada na grade do convés, você pensava em sua infância, mãe. Em sua casa de praia, no barulho do mar. Haveria um mar bonito assim no Brasil? Como seria a chegada? Como seria aprender uma outra língua, escrever uma nova história? Você sempre tão carinhosa... Todos os seus amigos, seus castelos de areia, suas pegadas ficariam à espera do vento e seriam apagadas. Mas havia uma nova praia esperando a chegada do navio e da princesa.

Ah, com que orgulho, quando me olho no espelho, vejo que me pareço com você, mãe.

Eu me sinto especial, sinto-me bonito. Imagino que, quando eu era pequeno, você já percebia essa semelhança e ficava feliz de encontrar em mim traços que lhe pertenciam. Imagino que, para aqueles que não viam que eu era a "cara da mãe", você pensasse com seus botões: "Esses aí estão precisando de óculos...". Só quem não tem bons olhos deixa de ver que todos os filhos se parecem com suas mães.

É a mãe que cria o filho, e não é à toa que a palavra "criança" tem a ver com "criação".

E, assim como os escritores escrevem com sangue, e os pintores pintam com lágrimas, e os músicos compõem com toda a sua paixão e deixam em suas obras a marca de sua personalidade e de seu talento, também as mães têm um jeito especial de criar os filhos.

Assim também o fez você, mãe!

Como pode ver, mãe, volta e meia eu me ponho diante de você como o menino pequeno que, no fundo, você acha que eu não deixei de ser.

Você será sempre a mãe do menino que não sabe se alimentar na quantidade e na variedade corretas, que vive precisando de orientação e de alguns puxões de orelha.

Mãe, obrigado e, por favor, continue a me ver sempre como criança. Como criança que precisa de afeto, que precisa de amor. Eu tenho certeza de que os dias em que eu estava em seu colo, pequeno, indefeso, jamais serão apagados de minha memória, porque, ainda hoje, eu adoro deitar em seu regaço, sentir suas mãos deslizando por meus cabelos, sentir sua respiração e ouvir suas histórias.

Mãe, não se preocupe. Eu não vou me esquecer de seus ensinamentos e não vou me tornar incapaz de entender que só as crianças entrarão no Reino da Justiça e que ser criança, nesse caso, é não perder a inocência. É não perder o sorriso. É ter esperança sempre.

Mãe, obrigado por ter feito com que eu perdesse a ingenuidade e com que eu aprendesse a viver neste mundo, em que há perigos e desafios. Por favor, não deixe que, ao entrar em casa, eu me esqueça de correr até você e, como antigamente, de lhe contar tudo e de chorar tudo e de rir de tudo e de me abrir sem medo, dizendo o que penso, o que sofro, o que desejo.

Mãe, obrigado por tudo e, por favor, não me deixe esquecer de que o mais importante é ser feliz e de que, para ser feliz, o caminho mais curto é não deixar de amar, como você me ama.

Mãe, você tem o dom inexplicável da vida.

Você sintetiza, de maneira igualmente inexplicável, as tendências mais contraditórias da natureza e da vida.

Você é a mulher que, sendo forte, estremece com o gemido de uma criança e, sendo frágil, consegue reagir com a bravura de uma leoa.

Você é a mulher que, sendo generosa, briga no mercado porque o preço do açúcar aumentou dez centavos e, sendo econômica, prepara banquetes que fazem os corações mesquinhos falarem em "desperdício".

Você é a mulher que, acreditando em todos, sempre fica com o pé atrás quando alguém tenta comovê-la e, sendo desconfiada, fica com o coração partido até assistindo a uma telenovela. Você é a mulher que, odiando a mentira, procura esclarecer tudo até os mínimos detalhes e, sendo verdadeira, engole (ou finge engolir) as desculpas esfarrapadas de seus filhos. Você é a mulher que, sendo rigorosa, põe os pingos nos "is", mas, sendo complacente, de vez em quando, deixa passar um circunflexo ou um acento agudo...

Você é a mulher que, sendo justa, não permite que ninguém, dentro de casa, se prevaleça de ter mais dinheiro ou mais idade e, sendo mãe, acaba sempre privilegiando os mais fracos – ou os que se fazem mais fracos para conquistar sua preferência...

Você é a mulher que se realiza sendo mãe e, sendo essa mãe tão maravilhosa, torna-se plenamente mulher.

Os franceses têm uma frase muito conhecida: "Cherchez la femme!". Significa: "Procurem a mulher!". E a ideia aqui implícita é a de que, em qualquer situação, sempre há uma mulher atuando, para o bem ou para o mal.

Eu vou adaptar essa frase de um modo exclusivamente positivo: "Cherchez la mère!" ("Procurem a mãe!").

Por trás de todo grande homem, ou melhor, na frente dele, existe uma grande mãe.

Todo homem que age com segurança, que sabe o que quer, que luta por seus princípios e que está sempre disposto a se entregar com generosidade, para realizar grandes empreendimentos, teve em sua mãe esse modelo de generosidade, de força e de amor aos ideais.

Todo homem que, depois, se torna pai e procura educar seus filhos com braço firme, mas desenvolve a ternura, a compaixão, a delicadeza, descobre que sua mãe lhe deixou, no coração e na alma, uma boa dose de maternidade e de doçura.

Todo homem que defende a vida, sobretudo a dos mais injustiçados, que luta pela paz, sobretudo nos momentos de crise – mas também todos os dias, nos pequenos conflitos do cotidiano –, que se preocupa com os direitos humanos, que se desdobra para ser uma pessoa socialmente útil, é porque, em sua casa, recebeu inspiração decisiva na figura da mãe.

Todo homem que veio ao mundo – diga ele "mãe", em português; "madre", em espanhol; "mother", em inglês; "mutter", em alemão; "mère", em francês; "moeder", em holandês; "matb", em russo; "mama", em árabe –, não importa sua língua, sempre falará de sua mãe com carinho e, quando fizer seus agradecimentos, seja ao escrever um livro, seja ao receber um Prêmio Nobel, afirmará, emocionado, que ela foi sua grande mestra e sua grande amiga e que é a pessoa que, naquele momento, merece receber todos os aplausos.

Procurem a mãe!

Procurem a mãe,

que, discreta, fica em casa, enquanto o juiz profere uma sentença brilhante.

Procurem a mãe,

enquanto o cirurgião, depois de horas e horas numa sala de operações, salva uma vida.

Procurem a mãe,

enquanto o esportista supera todos os obstáculos e bate novos recordes.

Procurem a mãe,

enquanto o advogado, obedecendo ao espírito da lei, defende seu cliente sem ferir a justiça.

Procurem a mãe,

enquanto o professor experimenta que ensinar é muito mais eficaz quando se tem afeto pelos alunos.

Procurem a mãe,

enquanto o bom governante busca realmente o bem comum, o bem-estar de um povo, e não se deixa atrair pelas tentações do poder.

Procurem a mãe,

enquanto o empresário, conciliando as exigências do mercado e os imperativos de sua consciência bem formada, torna a empresa um lugar de respeito, e não de exploração ou de estresse.

Procurem a mãe,

enquanto o líder religioso sincero promove o autêntico crescimento espiritual de seu rebanho.

Procurem a mãe,

enquanto o jornalista trabalha com ética e não permite que o sensacionalismo abafe a verdade dos fatos.

Procurem a mãe,

enquanto os homens de bem fazem o bem.

Procurem a mãe

e descobrirão que, todas as vezes em que o mundo dá certo e em que os ideais humanistas saem fortalecidos, é porque uma mãe preparou tudo, com antecedência, com desvelo, com dedicação, sem esperar pagamento, sem cobrar nada de ninguém.

Procurem a mãe!

Mãe, eu ainda não quero parar de escrever, porque me faz bem falar de você, me faz bem lembrar sua história, nossa história. E, ao lembrar nossa história, lembro-me de outras tantas com que pude sentir quanto o amor de mãe é importante.

Às vezes, nos presídios, por conta das muitas visitas que minha profissão me levou a fazer, eu presenciava uma mãe repreendendo seu filho, e ele, fosse qual fosse o crime cometido, olhava para os olhos da mãe e chorava com ela os passos errados que trilhara na estrada da vida. E a mãe, depois da repreensão, com os olhos cheios de lágrimas, não continha o desejo de dizer: "Meu filho, eu te amo. Fica com Deus".

Mãe é mãe.

Certa vez, um adolescente em conflito com a lei me perguntou se poderia ser transferido para outra cidade. Indaguei se ele estava sendo maltratado naquele lugar. Ele respondeu que não, que tinha até aprendido a escrever e que a primeira carta que escrevera fora para a mãe, para pedir desculpas, para dizer que tinha saudades. O que ele queria era ser transferido para ficar mais perto do afeto da mãe e, assim, poder se recuperar mais rapidamente. E que alegria para uma mãe poder estar com o filho...

Mãe é mãe.

Mãe é mãe no palácio ou no casebre. Mãe é mãe na prisão ou no jardim. Mãe é mãe no hospital, na igreja, no cemitério, no teatro, na rua. Mãe é mãe nos becos ou nas varandas.

Mãe é mãe.

E o interessante é que não há curso para ser mãe. Flui naturalmente.

É tão fácil e tão difícil. É tão prazeroso e tão doloroso. É emocionante. Cada tombo e cada levantada. Cada lágrima e cada aplauso. Ser mãe é fácil e difícil, e ser filho, mãe, é a coisa mais fácil do mundo. Basta ficar olhando para a mãe, olhando, e, de repente, com um sorriso, dizer com todas as forças da alma:

"Mãe, eu te amo!"

Outro dia, eu li num estudo sobre o indígena brasileiro que ele não concebe nada do que existe sem mãe. E está aí uma verdade que nós, "civilizados", às vezes perdemos de vista.

A mãe é sempre necessária para que haja vida. Mãe é mãe de todas as coisas. E, como verdadeira mãe, acompanha os seres a quem deu a vida, cuida deles, protege-os para que sigam em paz, desde o nascimento até a morte.

Mãe é sinônimo de fecundidade, de proteção, de cuidado.

Mãe é mãe das coisas animadas e das inanimadas, ou melhor, das coisas, porque, para o indígena, todas as coisas têm alma.

A mãe permite que todas as coisas venham ao mundo e conserva todas as coisas com desvelo inimitável. Sem a mãe, não há vida. A mãe é indispensável.

Mãe é mãe das águas e das frutas, das estrelas, das serras, das plantas e das pedras!

E a mãe de um ser é mãe de tudo e de todos os seres.

Todos os dias de um filho são Dias das Mães, embora, como sempre, tenha havido uma primeira vez...

A história do Dia das Mães começou nos Estados Unidos, em 1905. Numa pequena cidade, uma jovem chamada Anna Jarvis e algumas amigas criaram um movimento para instituir um dia em que todas as crianças homenageassem suas mães. A primeira celebração oficial desse dia só se deu em abril de 1910, no Estado da Virgínia Ocidental. Aos poucos, a moda foi pegando, e outros Estados norte-americanos aderiram à ideia, até que, em 1914, declarou-se oficialmente, nos Estados Unidos, o Dia Nacional das Mães – a partir de então, comemorado todo segundo domingo de maio.

Alguns anos depois, mais de 40 países já haviam adotado a ideia. No Brasil, o primeiro Dia das Mães foi comemorado em 1918, mas só em 1932, com Getúlio Vargas, oficializou-se a festa. O que foi um sonho tão bonito de Anna Jarvis tornou-se, porém, ocasião de ganância. Ela mesma, em 1923, declarou, decepcionada, que não tinha criado o Dia das Mães para promover o lucro comercial. Naquele mesmo ano, entrou com um processo para cancelar a festividade, mas era tarde demais. Não obteve sucesso.

Estou contando essa história, mãe, porque, para mim, o amor de uma mãe é diariamente novo e, por isso, o amor do filho tem de ser também diariamente novo. Não precisamos depender de um dia oficial para viver esse amor.

Eu sei que o segundo domingo de maio é muito, muito especial, e é claro que, nesse dia, vamos comemorar com tudo! Mas é claro, também, que vou comemorar todos os dias, com discrição, mas com intensidade, a alegria de ser seu filho!

Devo também a você, mãe, a capacidade de amarrar as ideias para tê-las bem firmes. A coerência. É isso o que significa, para mim, amarrar bem os conceitos, expor minhas ideias com ordem.

Porém, mais ainda do que ter coerência, temos de fazer a coisa certa, de fazer as escolhas certas, as escolhas que nos permitem andar firmemente, sem medo de cair.

Mais ainda do que ter coerência, estou pensando, mãe, que eu preciso amarrar bem meus conceitos éticos, pondo o ser humano acima da máquina, e mostrar a meus irmãos da espécie humana que temos de assegurar e de propagar um quadro humanista de valores.

Se estou escrevendo muito, a culpa também é sua, mãe. Foi você quem me disse, mais de uma vez, que temos de amarrar bem nossas palavras e de escolher com cuidado as que precisamos usar. Foi você quem insistiu tantas vezes para eu ir ao dicionário, para ampliar meu vocabulário, para ler um bom livro. Viu o que você fez? Fez de mim uma pessoa que gosta de se comunicar, de falar e de escrever. E eu tento caprichar, mãe, para usar uma frase que você gostava tanto de repetir: "Capriche na letra, menino!".

Escrever é amarrar as palavras direitinho, com capricho, para que elas possam andar sozinhas, ganhar o mundo e fazer o bem às pessoas.

Eu não seria um escritor, mãe, se você não tivesse me ensinado a caprichar na linguagem, buscando, como dizia aquele ficcionista norte-americano, Mark Twain, a palavra-relâmpago, que ilumina e que faz com que vejamos as coisas mesmo no meio da noite mais escura.

Da amurada de um navio, você disse adeus a um mundo.
E, no oceano da vida, continua a navegar, de mãos
dadas comigo. O oceano trouxe-lhe surpresas: o
amor de seu amado, a gestação de seus amores,
a herança de uma eternidade nascida de sua
generosidade. Mãe, sua semente deu flor e frutos.

Nós dois estamos juntos e permaneceremos juntos, mãe, e é por isso que eu quero pedir seu perdão.

Perdão, porque, muitas vezes, não consegui ser o que você esperava de mim. Perdão, porque, muitas vezes, não fui capaz de olhar para você, de olhar bem para seus olhos e dizer: "Amo você". Perdão, porque cresci e, tendo crescido, acabei seguindo um caminho que me fez ausente em tantos momentos nos quais você precisou de mim. Perdão, porque eu dividi meu tempo com tantas outras coisas e me preocupei tanto em chegar a algum lugar que acabei deixando você de lado. Mãe, eu nunca a deixei de lado, pelo menos na minha intenção. Não há como deixar de lado o maior amor. Sei que você é meu maior amor. E esta carta é para que eu possa, definitivamente, revelar isso, para que não paire dúvida alguma e para que possamos eternizar o que significa uma verdadeira relação de amor.

Se o amor fosse realidade no mundo, mãe, teríamos uma nova humanidade. Quando se deixa de amar, deixa-se de viver. Não é possível que a humanidade tenha evoluído tanto e, mesmo assim, não tenha conseguido perceber o essencial. O mundo foi criado como um gesto de amor. A criação perpetua-se diariamente, relembrando esse milagre, e este é o único dom que permanecerá para sempre: o amor. E é por isso, mãe, que nós jamais nos separaremos, porque há algo maior do que nós que nos fez assim, tão carentes um do outro, tão apaixonados, tão ligados, tão únicos.

Mãe querida, no meio da noite mais escura, eu sempre me lembro de seu carinho, mas também me lembro de que, às vezes, me esqueço de você! Ah, eu não quero falar em nome de todos os filhos do mundo, mas a verdade é que, às vezes, os filhos se esquecem das mães. Ficam tão envolvidos com seus problemas ou com suas vitórias, ficam tão entusiasmados com sua liberdade, que se esquecem de onde vieram, esquecem-se de que tudo só foi possível porque houve, no começo de tudo, a mãe.

Mãe, perdoe-me ter me esquecido de você, não a ter visitado com a frequência necessária, ter passado dias sem dizer um "alô"! E, já que tomei coragem, vou apresentar, agora, uma lista de coisas que fiz ou que não fiz, coisas que não poderiam ter acontecido entre nós.

Perdão, mãe,
pelas vezes em que a obriguei a repetir um pedido e em que eu, por orgulho, para mostrar que era "independente", fui adiando e adiando alguma atitude.
Perdão, mãe,
pelas vezes em que deixei de levar-lhe flores, esquecendo que você é mulher e que toda mulher gosta de perfumar e de enfeitar a casa com o que há de mais delicado na natureza.
Perdão, mãe,
pelas vezes em que fiz aquela cara de quem comeu e não gostou, só porque você me lembrou, com firmeza, de que eu precisava cumprir com meus deveres.
Perdão, mãe,

pelas vezes em que deixei meu quarto desarrumado e em que achei tão natural encontrá-lo em ordem à noite, antes de dormir.

Perdão, mãe,

pelas vezes em que me tranquei no quarto, para que você não invadisse meu mundo. E eu sei que, mesmo que você o invadisse, não o destruiria, pois, afinal, só por sua causa é que este meu mundo surgiu.

Perdão, mãe,

pelas vezes em que fui indelicado sem perceber, pelas vezes em que respondi com palavras duras às suas perguntas justamente severas, pelas vezes em que não percebi o que tinha de perceber: que você estava atarefada, ou cansada, e que precisava de atenção e, especialmente, de palavras de carinho que só eu poderia dizer naquele momento.

Perdão, mãe,

pelas vezes em que desempenhei aquele típico papel de filho ingrato e em que me esqueci de dizer-lhe um "muito obrigado" pelas coisas mais simples, pela sobremesa, pela roupa limpinha, pelo olhar de preocupação, por tudo.

Espero que esta carta, mãe, sirva para que eu, perdoado, com o coração mais leve, possa rasgar essa lista que acabei de fazer e começar tudo de novo e nascer mais uma vez para você.

Essa lista de pedidos de perdão, que você, com certeza, leu com um desaprovador balançar de cabeça, será substituída por uma lista de gratidão.

E o filho tem mais é que agradecer tanto carinho e tanta loucura; prometer, com um sorriso maroto, que vai voar bem devagar e baixinho, interpretando essa recomendação como uma forma que a mãe tem de lhe dizer que a única coisa que deseja no mundo é que ele volte, são e salvo.

Quero agradecer a dualidade sábia de suavidade e de fortaleza, de loucura e de lucidez, com que você manifesta seu amor. Quero agradecer esse seu jeito de me educar, de me orientar, ainda hoje.

Quero agradecer o essencial que você me deu: a vida.

E tenho muito mais que agradecer, a cada momento de minha existência.

Nos momentos de sucesso, porque você é a referência que me faz lembrar da necessidade de ser humilde.

Nos momentos de fracasso, porque você é a referência que me faz encará-lo como desafio.

Nos momentos de alegria, porque você é a referência da gratidão que devo às pessoas e a Deus.

Nos momentos de tristeza, porque você é a referência de que devo lutar sem desânimo para ser melhor, mais lúcido, mais atento, para vencer os obstáculos naturais da vida.

Nos momentos de passividade, porque você é a referência de que não posso me acomodar.

Nos momentos difíceis, porque você é a referência de que preciso lutar sem perder a serenidade.

Mãe, obrigado. Obrigado por tudo. Obrigado por ter me ensinado as grandes virtudes – entre elas, a gratidão, que agora utilizo para expressar meu amor por você.

Agradeço ter esperado que eu, um dia, enviasse esta carta, mostrando quanto a amo, mostrando quanto valorizo tudo o que você fez, tudo o que você é! Uma carta que há muito tempo eu já deveria ter escrito, uma carta que me fez tão bem e que me ajudou a lembrar quanto ainda tenho de agradecer.

Mãe, obrigado por todo raio de luz que você fez incidir sobre mim, para que eu abrisse os olhos para a realidade...

Por todo o tempo que você me deu de sua vida, pelo leite amado, pelas vigílias, pelas lágrimas, pelos sorrisos...

Pela eternidade que já passamos juntos, porque cada instante a seu lado durará para sempre.

Mãe, obrigado, porque você, um dia, levou-me para fitar o mar e ensinou-me que, no vaivém das ondas, muitas coisas se apagam na areia – e outras tantas coisas o mar leva embora. E também me mostrou que as lágrimas têm o poder de apagar as mágoas e de levar para longe dores que não devemos colecionar.

Obrigado, porque você me ensinou a dizer "não" sem tristeza e a dizer "sim" com festas e com gargalhadas...

Muito obrigado, mãe, porque você é a mulher genuína, tão terra, tão água, tão fogo, tão ar.

Muito obrigado, mãe, acima de tudo, por você ser a imagem que eu faço de uma nova humanidade.

O mundo foi criado num gesto de amor. E, cada vez que a humanidade, como você, relembra e aceita realizar o milagre da vida, o dom do amor torna-se, de novo, uma realidade entre nós.

Mãe, obrigado, porque você é a certeza de que o amor existe.

Receba, mãe, estas poucas palavras como prova de que o milagre aconteceu, de que a vida se fez e de que a caminhada não tirou o frescor da aurora. Não se preocupe: o entardecer não virá nunca. Amo você!

Gabriel

Este livro foi composto em Bembo
para a Editora Planeta do Brasil
em abril de 2012.